뭇생명의
어머니이신
관세음보살

손에 잡히는 경전시리즈 【12】 뭇생명의 어머니이신
관세음보살

▪**3판 3쇄 발행** 2024년 11월 12일
▪**편저** 덕숭총림 수덕사 설정스님
▪**편집/그림** 이연실 손형우
▪**발행인** 윤상철 ▪**발행처** 대유학당

▪**출판등록** 2002년 4월 17일 제305-2002-28호
▪**주소** 서울 성동구 아차산로17길 48
SK V1 센터 1동 814호
▪**전화** (02) 2249-5630
▪**블로그** https://blog.naver.com/daeyoudang
▪ISBN 978-89-6369-058-2 00220
▪값 10,000원

수월관음도(정혜사 소장)

서 문

「천수경」과 「42수 진언」 그리고 「반야심경」은 관세음보살님의 수행, 보살행, 성불의 세 단계를 차례로 담은 글입니다.

먼저 「천수경」은 관세음보살님의 수행이 담겨있다고 할 수 있습니다. 부처가 되고자 공부하며 수행하면서도, 세상을 구제하심에 몸을 아끼지 않았던 불보살님들의 명호와 서원을 기록한 경전이 「천수경」입니다. 원래 「천수경」은 과거 구십구억 항하사 모든 부처님의 비밀 장구였습니다. 그런데 관세음보살께서 이 비밀장구를 들으시고 환희심이 발동하였고, 그 환희심을 모든 중생들과 같이 하고자 하며, 중생들의 어려움을 구제하고자 발원하시니,

즉시 몸 가운데서 천수천안이 자재구족신통하셨습니다. 초지보살 시절의 관세음보살님께서 신통한 주문을 들으시고, 그 분들의 영험하신 보살행에 감동하시고, 나도 그분들처럼 세상의 어려움을 밝게 살펴 구제해야겠다고 생각을 하시자, 순식간에 8지보살의 단계로 초월하셨고, 두 눈과 두 손으로는 세상의 어려움을 다 구제하기 어려우므로, 천 개의 눈과 천 개의 손이 필요했던 것입니다. 그래서 이 경을 「천수경」 또는 「천수천안 무애대비심 대다라니」라고 부르는 것입니다.

「42수 진언」은 관세음보살님의 보살행이 담겨있습니다. 42가지의 수인(手印, 손 모양)을 하고 진언을 독송하며 기도를 하면, 소원이 이루어지도록 한 서원이 「42수 진언」이기 때문입니다. 중생의 어려움을 구제하기 위해서는

줄탁동시가 필요합니다. 병아리가 알에서 나오려고 할 때, 안에서 힘을 쓰며 알의 안쪽을 톡톡 치면, 어미닭이 그때를 놓치지 않고 밖에서 알의 껍질을 콕콕하고 쪼아주어야 병아리가 쉽게 세상에 나올 수 있습니다. 병아리가 껍질 안에서 쪼는 것을 줄이라 하고 어미 닭이 밖에서 쪼아 주는 것을 탁이라 합니다. 어미가 성급하게 쪼으면 나올 준비가 덜 된 병아리가 다치기 쉽고, 너무 늦으면 알 안에서 지쳐 쓰러지기 쉽습니다. 그러니 병아리와 어미닭이 동시에 톡톡 콕콕하고 쪼아야 새생명이 건강하게 태어나는 것입니다.

우리도 마찬가지입니다. 나 자신이 정성스럽게 참회하며 기도하면서 깨우치고자 하면, 모든 부처님들과 보살님들께서 보시고 그 길을 인도해 주시는 것입니다. 몸과 마음이 하나가 되어 기도하기 때문에, 관세음보살님께서 천개의 손으로 어루만지고 천개의 눈으로 살피시며 중생들의 소원을 들어주시는 것입니다.

「반야심경」에는 관세음보살님의 성불이 담겨있습니다. 관세음보살님의 다른 이름은 관자재보살입니다. 중생을 관찰하여 고통으로부터 벗어나도록 보살행을 할 때, 언제 어디든 찾아가 구제한다고 해서 자유자재한 보살 즉 관자재보살이라고 한 것입니다. 모두가 이 「반야심경」을 읽고 외우며 깨달음을 얻어 피안으로 가자는 것입니다.

이 세 경전의 내용은 모두 관세음보살님과 관계가 있습니다. 우리가 중생이라는 알에서 깨어나 깨달음과 행복의 피안으로 가고자 할 때, 그 길을 이 세 가지의 경문이 어미닭이 되어서 인도해 줄 것입니다.

세 경문 앞에 예불문(칠정례)을 실은 이유

는, 이 세 경문의 영험력이 크기 때문입니다. 전혀 예기치 않게 있다가 이 세 경전을 독송(소리내어 읽음)하는 영역에 잘못 들어오면 자신도 모르게 그 영역 안에 들어온 작은 신 또는 생명체가 세 경문의 신통한 영험력과 위신력에 놀라고 당황하여 두려워하며 불안에 떨게 될 수가 있습니다. 그래서 세 경문을 독송하기 전에 예불문을 먼저 독송함으로써, 스스로 경문을 독송하는 기도수행의 자리에 동참할 것인지를 선택하고 빠져나갈 수 있는 시간을 가지도록 배려한 것입니다.

특히 「천수경」과 「42수 진언」은 그림을 넣어서 이해가 쉽도록 하였습니다. 지금으로부터 1300여 년 전, 당나라 황실에서 비단에 오색금실로 글과 그림을 수놓아서 남긴 이 「천수다라니」와 「42수 진언」은 정말 귀중한 자료

이고, 또 관세음보살님의 가피력이 아니라면 만나보기 힘든 자료입니다. 천년의 세월을 뛰어넘어 한 송이 연꽃으로 우리에게 다가온 「천수다라니」와 「42수 진언」을 보면, 과연 부처님의 참 진리는 만고에 빛나는 감로수이며 생명수라는 감탄이 저절로 나옵니다.

관세음보살님께서 감동하신 「천수다라니」와 중생의 소원을 들어주고자 서원한 「42수 진언」, 그리고 「반야심경」을 지성으로 독송하시고 다른 사람들에게도 널리 전파하시어서, 그 공덕으로 더욱 더 크고 많은 관세음보살님의 가피를 입게 되기를 기원합니다.

꿈은 이루어진다고 합니다. 여러분의 희망을 담아 이 세 경문을 날마다 독송하십시오. 한 번을 독송하면 한 번 돌아보시고, 열 번을 독송하면 열 번을 돌아보실 것입니다. 매일매일 천 번, 만 번 간절하고 지극한 마음으로 독송하십시오. 그리고 주변 사람들에게 그 영험을 나누어 주시고, 이 책자도 나누어 주십시오. 한 사람이 염원을 담아 열 번 독송했다면 둘이 하면 스무 번이 됩니다. 불법과 인연이 닿는 모든 사람들이 서로서로 사랑하고 사랑받는 세상을 살다가, 한 사람도 빠짐없이 저 아미타부처님의 극락정토로 가서 나시기를 바라며!

"아제 아제 바라아제 바라승아제 모지 사바하"

불기 2568년

덕숭총림 수덕사 송원 설정

'옴'자를 활용한 호신부

일러두기

⁂ 이 책은 가지고 다니면서 경문을 독송할 수 있도록, 경문과 간단한 번역만을 실었다.

⁂ 이 책은 총 4부로 구성되어 있는데, 1부는 예불경문을 간단한 해설과 더불어 실었고, 2부는 「천수경」을, 3부는 관세음보살님의 「42수 진언」, 4부는 「반야심경」을 실었다.

⁂ 책에서 왼쪽 면은 경문이고, 오른쪽 면은 번역인데, 경문과 번역이 쉽게 연결되도록 ① ② ③ 등 번호를 붙였다.

목 차

우리말 예불문(칠정례)

헌다게 | 獻茶偈, 차 올리는 게송

저희 이제 청정수를 감로다삼아
삼보님전 올리오니
자비로 받으소서.(큰절)
자비로 받으소서.(큰절)
대자비로 받으옵소서.(큰절)

오분향게 | 五分香偈, 향 올리는 게송

계향 정향 혜향 해탈향
해탈지견향,
광명구름 두루하여 시방세계
한량없는
삼보님전 공양합니다.

③ 헌향진언 | 獻香眞言, 향 올리는 진언

옴 바아라 도비야 훔

옴 바아라 도비야 훔

옴 바아라 도비야 훔(저두례)

지극한 마음으로,

온 세계 스승이며 모든 중생

어버이신 석가모니 부처님께

절하옵니다.

지극한 마음으로,

온 세계 항상 계신 거룩하신

부처님께

절하옵니다.

지극한 마음으로,
온 세계 항상 계신 거룩하신
가르침에
절하옵니다.

지극한 마음으로,
대지문수사리보살 대행보현보살
대비관세음보살 대원본존
지장보살님께
절하옵니다.
지극한 마음으로,
부처님께 부촉받은 십대제자
십육성 오백성 독수성 내지
천이백 아라한께
절하옵니다.

지극한 마음으로,
불법 전한 역대조사 천하종사
한량없는 선지식께
절하옵니다.

지극한 마음으로,
온 세계 항상 계신 거룩하신
스님들께
절하옵니다.
다함없는 삼보시여,
저희 예경 받으시고,
가피력을 내리시어,
법계중생 모두 함께
성불 하여지이다.

우리말 천수경(千手經)

옴 정구업진언 | 淨口業眞言, 구업을 청정케 하는 진언

수리수리 마하수리 수수리
사바하(3편)

옴 오방내외안위제신진언 | 五方內外安慰諸神眞言, 오방내외 신중을 편안하게 모시는 진언

나무 사만다 못다남 옴 도로 도로
지미 사바하(3편)

개경게 | 開經偈, 경전을 펴는 게송

위없이~ 심히깊은 미묘한법을
백천만겁 지난들~ 어찌만나리
제가이제 보고듣고 받아지니니
부처님의 진실한뜻 알아지이다.

개법장진언 | 開法藏眞言, 법장을 여는 진언

옴 아라남 아라다(3편)

천수천안 관음보살
광대하고 원만하며
걸림없는 대비심의

다라니를 청하옵니다.

자비로운 관세음께 절하옵나니
크신원력 원만상호 갖추시옵고
천손으로 중생들을 거두시오며
천눈으로 광명비춰 두루살피네.

진실하온 말씀중에 다라니펴고
함이없는 마음중에 자비심내어
온갖소원 지체없이 이뤄주시고
모든죄업 길이길이 없애주시네.

천룡들과 성현들이 옹호하시고
백천삼매 한순간에 이루어지니
이다라니 지닌몸은 광명당이요

이다라니 지닌마음 신통장이라

모든번뇌 씻어내고 고해를건너
보리도의 방편문을 얻게되오며
제가이제 지송하고 귀의하오니
온갖소원 마음따라 이뤄지이다.

자비하신 관세음께 귀의하오니
일체법을 어서속히 알아지이다.
자비하신 관세음께 귀의하오니
지혜의눈 어서어서 얻어지이다.
자비하신 관세음께 귀의하오니
모든중생 어서속히 건네지이다.
자비하신 관세음께 귀의하오니
좋은방편 어서어서 얻어지이다.

자비하신 관세음께 귀의하오니
지혜의배 어서속히 올라지이다.
자비하신 관세음께 귀의하오니
고통바다 어서어서 건너지이다.
자비하신 관세음께 귀의하오니
계정혜를 어서속히 얻어지이다.
자비하신 관세음께 귀의하오니
열반언덕 어서어서 올라지이다.
자비하신 관세음께 귀의하오니
무위집에 어서속히 들어지이다.
자비하신 관세음께 귀의하오니
진리의몸 어서어서 이뤄지이다.

칼산지옥 제가가면
칼산절로 꺾여지고

화탕지옥 제가가면
화탕절로 사라지며
지옥세계 제가가면
지옥절로 없어지고
아귀세계 제가가면
아귀절로 배부르며
수라세계 제가가면
악한마음 선해지고
축생세계 제가가면
지혜절로 얻어지이다.

나무 관세음보살마하살
나무 대세지보살마하살
나무 천수보살마하살
나무 여의륜보살마하살

나무 대륜보살마하살

나무 관자재보살마하살

나무 정취보살마하살

나무 만월보살마하살

나무 수월보살마하살

나무 군다리보살마하살

나무 십일면보살마하살

나무 제대보살마하살

나무 본사아미타불(3편)

㉛ 신묘장구 대다라니 | 神妙章句

大陀羅尼, 신묘한 대다라니

나모 라다나 다라야야 나막알약
바로기제 새바라야 모지사다바야
마하사다바야 마하가로 니가야 옴
살바 바예수 다라나 가라야
다사명 나막 까리다바 이맘알야
바로기제 새바라 다바 니라간타
나막하리나야 마발다 이사미
살발타 사다남 수반아예염
살바보다남 바바마라 미수다감
다냐타 옴 아로계 아로가
마지로가 지가란제 혜혜하례
마하모지 사다바 사마라 사마라

하리나야 구로구로 갈마 사다야
사다야 도로도로 미연제
마하미연제 다라다라 다린 나례
새바라 자라자라 마라미마라
아마라 몰제예혜혜 로계새바라
라아 미사미 나사야 나베사미사미
나사야 모하자라 미사미 나사야
호로호로 마라호로 하례
바나마나바 사라사라 시리시리
소로소로 못쟈못쟈 모다야 모다야
매다리야 니라간타 가마사 날사남
바라하라나야 마낙 사바하 싯다야
사바하 마하싯다야 사바하
싯다유예 새바라야 사바하
니라간타야 사바하 바라하

목카싱하 목카야 사바하 바나마
하따야 사바하 자가라 욕다야
사바하 상카섭나네 모다나야
사바하 마하라 구타다라야 사바하
바마사간타 이사시체다 가릿나
이나야 사바하 먀가라 잘마니바
사나야 사바하 나모라 다나다라
야야 나막알야 바로기제 새바라야
사바하

㉧ 사방찬 | 四方讚, 사방을 깨끗이 하는 찬. 독송은 하지 않음.

동방에~ 물뿌리니 도량이맑고
남방에~ 물뿌리니 청량얻으며
서방에~ 물뿌리니 정토이루고
북방에~ 물뿌리니 평안해지네.

㉧ 도량찬 | 道場讚, 청정한 도량의 찬. 독송은 하지 않음.

온도량이 청정하여 티끌없으니
삼보천룡 이도량에 강림하시네
제가이제 묘한진언 외우옵나니,
대자대비 베푸시어 가호하소서

참회게 | 懺悔偈, 죄업을 뉘우치는 게송. 독송은 하지 않음.

지난세월 제가지은 모든악업은
옛적부터 탐진치로 말미암아서
몸과말과 생각으로 지었사오니
제가이제 모든죄업 참회합니다.

참제업장십이존불 | 懺除業障十二尊佛, 열두 부처님을 칭명하여, 듣게 되면 업장이 소멸되는 가지참회법. 독송은 하지 않음.

나무 참제업장 보승장불
보광왕 화렴조불
일체향화 자재력왕불
백억항하사 결정불

진위덕불

금강견강 소복괴산불

보광월전 묘음존왕불

환희장마니 보적불

무진향 승왕불

사자월불

환희장엄 주왕불

제보당마니 승광불

십악참회 | 十惡懺悔, 열 가지 악업을 참회함. 독송은 하지 않음.

살생으로 지은죄업 참회합니다.

도둑질로 지은죄업 참회합니다.

사음으로 지은죄업 참회합니다.
거짓말로 지은죄업 참회합니다.
꾸민말로 지은죄업 참회합니다.
이간질로 지은죄업 참회합니다.
악한말로 지은죄업 참회합니다.
탐욕으로 지은죄업 참회합니다.
성냄으로 지은죄업 참회합니다.
어리석어 지은죄업 참회합니다.

오랜세월 쌓인죄업
한생각에 없어지니
마른풀이 타버리듯
남김없이 사라지네.
죄의자성 본래없어
마음따라 일어나니

마음이~ 사라지면
죄도함께 없어지네.
모든죄가 없어지고
마음조차 사라져서
죄와마음 공해지면
진실한~ 참회라네

31 참회진언 | 懺悔眞言, 죄업을 뉘우치는 진언

옴 살바 못자모지 사다야
사바하(3편)

ॐ 준제찬 | 준제주의 찬. 독송은 하지 않음.

준제주는 모든공덕 보고이어라
고요한~ 마음으로 항상외우면
이세상~ 온갖재난 침범못하리
하늘이나 사람이나 모든중생이
부처님과 다름없는 복을받으니
이와같은 여의주를 지니는이는
결정코~ 최상의법 이루오리라.

ॐ 나무 칠구지불모대준제보살

(3편)

정법계진언 | 淨法界眞言, 법계를 맑게 하는 진언

옴 람(3편)

호신진언 | 護身眞言, 몸을 보호하는 진언

옴 치림(3편)

관세음보살 본심미묘 육자대명왕진언 | 觀世音菩薩本心微妙六字大明王眞言, 관세음보살님의 본마음을 보여주는 미묘한 육자대명왕진언.

옴 마니 반메 훔(3편)

준제진언 | 准提眞言

나무 사다남 삼먁삼못다 구치남 다냐타 옴 자례주례 준제 사바하 부림(3편)

준제발원 | 准提發願, 준제보살의 발원. 독송은 하지 않음.

제가이제 준제주를 지송하오니
보리심을 발하오며 큰원세우고
선정지혜 어서속히 밝아지오며
모든공덕 남김없이 성취하옵고
수승한복 두루두루 장엄하오며
모든중생 깨달음을 이뤄지이다.

여래십대발원문 | 如來十大發願文, 부처님께 발하는 열 가지 원

원하오니 삼악도를 길이여의고
탐진치~ 삼독심을 속히끊으며
불법승~ 삼보이름 항상듣고서
계정혜~ 삼학도를 힘써닦으며
부처님을 따라서~ 항상배우고
원컨대~ 보리심에 항상머물며
결정코~ 극락세계 가서태어나
아미타~ 부처님을 친견하옵고
온세계~ 모든국토 몸을나투어
모든중생 빠짐없이 건져지이다.

발사홍서원 | 發四弘誓願, 네 가지 큰 서원

가없는~ 중생을~ 건지오리다.

끝없는~ 번뇌를~ 끊으오리다.

한없는~ 법문을~ 배우오리다.

위없는~ 불도를~ 이루오리다.

자성의~ 중생을~ 건지오리다.

자성의~ 번뇌를~ 끊으오리다.

자성의~ 법문을~ 배우오리다.

자성의~ 불도를~ 이루오리다.

제가 이제 삼보님께 귀명합니다.

시방세계 부처님께 귀명합니다.

시방세계 가르침에 귀명합니다.
시방세계 스님들께 귀명합니다.

천수경 해설

정구업진언(淨口業眞言)

수리수리 마하수리

수수리 사바하(세 번)

오방내외 안위제신진언 (五方內外 安慰諸神眞言)

나무 사만다 못다남 옴

도로도로 지미 사바하(세 번)

구업을 깨끗하게 하는 진언

자비로운 마음! 자비로운 마음! 이 세상에서 하나밖에 없는 큰 자비로운 마음! 더 크고 큰 자비로운 마음! 그 자비로운 마음을 제가 갖도록 해 주십시오!

어느 곳이든 항상 계시는 신들을 편안히 하는 진언

석가모니 부처님께 귀의합니다. 관세음보살님께 귀의합니다. 지장보살님께 귀의합니다. 이 우주 공간에 이 세상에 계신 제일 위대한 진언, 여의주 금강석과 같은 진언 '옴'을 통해, 이 삼라만상 법계에 있는 모든 신들과 함께 부처님 피안에 갈 수 있는 씨앗이 될 수 있도록 해 주십시오.

개경게(開經偈)

① 무상심심 미묘법
無上甚深 微妙法

② 백천만겁 난조우
百千萬劫 難遭遇

③ 아금문견 득수지
我今聞見 得受持

④ 원해여래 진실의
願解如來 眞實意

개법장진언(開法藏眞言)

옴 아라남 아라다(세 번)

경전의 게송을 열다

① 부처님의 법은 너무도 깊고 넓고 훌륭하고 미묘해서/ 그것보다 더 높은 것은 없다네

② 억 겁 동안에 한 번 있을까 말까한 그렇게 만나기 어려운 인연을

③ 제가 지금 보고 듣고 얻어 지녔습니다

④ 원하건대 여래의 진실된 그 마음을 알게 해 주십시오.

법의 창고를 여는 진언

옴~ 편안하시어 아무런 갈등이 없는 계명주 빛을 내뿜는 그러한 만족을 이루도록 도와 주소서.

천수천안 관자재보살 광대원만
千手千眼 觀自在菩薩 廣大圓滿

무애대비심 대다라니 계청
無碍大悲心 大陀羅尼 啓請

① 계수관음 대비주
稽首觀音 大悲呪

② 원력홍심 상호신
願力弘深 相好身

③ 천비장엄 보호지
千臂莊嚴 普護持

④ 천안광명 변관조
千眼光明 遍觀照

⑤ 진실어중 선밀어
眞實語中 宣密語

㉛ 천수천안 관자재보살 광대원만 무애대비심 대다라니를 열기를 청함(천 개의 손과 눈으로 세상 어디에나 계시면서 살피시는 관세음보살님의 광대하고 원만하시며 장애 없이 큰 자비심이 있는 대다라니를 열어주시기를 바라옵니다.)

① 관세음보살님의 대비하신 신묘장구대다라니에 머리 숙여서 귀의하겠습니다

② 관세음보살님의 크신 원력은 넓고 깊으며 그 모습은 너무나 원만해서

③ 천 개의 팔이 장엄하시어 우리를 널리 보호해 주시며

④ 천 개의 눈으로 다 둘러보고 있기 때문에 어느 하나도 놓치지 않습니다.

⑤ 진실한 그 말씀 가운데 비밀스런 말씀을 베푸시며

⑥ 무위심내 기비심
無爲心內 起悲心

⑦ 속령만족 제희구
速令滿足 諸希求

⑧ 영사멸제 제죄업
永使滅除 諸罪業

⑨ 천룡중성 동자호
天龍衆聖 同慈護

⑩ 백천삼매 돈훈수
百千三昧 頓熏修

⑪ 수지신시 광명당
受持身是 光明幢

⑫ 수지심시 신통장
受持心是 神通藏

⑬ 세척진로 원제해
洗滌塵勞 願濟海

⑥ 욕심 없는 마음 속에서 중생이 생사를 윤회함을 보시고 자비심을 일으키시니

⑦ 빨리 우리로 하여금 바라고 구하며 생각하는 모든 것을 만족하게 해주시며

⑧ 이 모든 죄의 업장들을 영원히 소멸시켜 주십시오.

⑨ 하늘이나 용이나 그리고 모든 성인들도 함께 자비로써 보호하여 주시며

⑩ 백 천 가지 온갖 삼매를 다 한 번에 깨우쳐 익히게 하시니

⑪ 신묘장구 대다라니를 몸에 지니면 이 몸이 지혜광명의 깃발이 되고

⑫ 신묘장구 대다라니를 몸에 지니면 이 몸이 모든 신통의 곳간 되니

⑬ 속세의 번뇌 노고를 모두 씻어버리고 괴로운 바다를 건너기 원하며

⑭ 초증보리 방편문
超證菩提 方便門

⑮ 아금칭송 서귀의
我今稱誦 誓歸依

⑯ 소원종심 실원만
所願從心 悉圓滿

⑰ 나무대비 관세음
南無大悲 觀世音

⑱ 원아속지 일체법
願我速知 一切法

⑲ 나무대비 관세음
南無大悲 觀世音

⑳ 원아조득 지혜안
願我早得 智慧眼

㉑ 나무대비 관세음
南無大悲 觀世音

⑭ 보리를 깨닫는 방편문을 한 번에 뛰어넘어 성취할 수 있게 하십시오.

⑮ 지금 제가 신묘장구 대다라니를 정성껏 외우며 대다라니에 귀의할 것을 서원하니

⑯ 그 원하는 마음을 따라 모든 것이 원만해집니다.

⑰ 대비하신 관세음님께 귀의하오니

⑱ 제가 부처님이 가지고 계시는 모든 법의 진리를 빨리 깨달아 알기를 바랍니다.

⑲ 대비하신 관세음님께 귀의하오니

⑳ 부처님의 지혜의 눈을 빨리 얻고 싶습니다.

㉑ 대비하신 관세음님께 귀의하오니

㉒ 원아속도 일체중
願我速度 一切衆

㉓ 나무대비 관세음
南無大悲 觀世音

㉔ 원아조득 선방편
願我早得 善方便

㉕ 나무대비 관세음
南無大悲 觀世音

㉖ 원아속승 반야선
願我速乘 般若船

㉗ 나무대비 관세음
南無大悲 觀世音

㉘ 원아조득 월고해
願我早得 越苦海

㉒ 일체의 중생을 빨리 제도할 수 있게 하여 주십시오.

㉓ 대비하신 관세음님께 귀의하오니

㉔ 중생을 제도할 좋은 방편을 빨리 가르쳐 주십시오.

㉕ 대비하신 관세음님께 귀의하오니

㉖ 반야선(지혜의 배)을 빨리 타게 해 주십시오.

㉗ 대비하신 관세음님께 귀의하오니

㉘ 고해의 바다를 빨리 건너가게 해주십시오.

㉙ 나무대비 관세음
南無大悲 觀世音

㉚ 원아속득 계족도
願我速得 戒足道

㉛ 나무대비 관세음
南無大悲 觀世音

㉜ 원아조등 원적산
願我早登 圓寂山

㉝ 나무대비 관세음
南無大悲 觀世音

㉞ 원아속회 무위사
願我速會 無爲舍

㉟ 나무대비 관세음
南無大悲 觀世音

㊱ 원아조동 법성신
願我早同 法性身

㉙ 대비하신 관세음님께 귀의하오니

㉚ 원컨대 제가 빨리 계행(戒行)이 구족(俱足)한 도리를 얻기를 원합니다.

㉛ 대비하신 관세음님께 귀의하오니

㉜ 원컨대 제가 원적산(원만하고 고요한 산, 즉 열반의 산이니, 불생불멸하는 곳이다)에 빨리 오르게 해 주십시오.

㉝ 대비하신 관세음님께 귀의하오니

㉞ 원컨대 제가 아무 것도 함이 없는 집(가장 높은 보리)에 빨리 도달하게 해주십시오.

㉟ 대비하신 관세음님께 귀의하오니

㊱ 원컨대 제가 빨리 부처의 몸과 같도록 해 주십시오.

㊲ 아약 향도산 도산 자최절
我若 向刀山 刀山 自摧折

㊳ 아약 향화탕 화탕 자고갈
我若 向火湯 火湯 自枯渴

㊴ 아약 향지옥 지옥 자소멸
我若 向地獄 地獄 自消滅

㊵ 아약 향아귀 아귀 자포만
我若 向餓鬼 餓鬼 自飽滿

㊶ 아약 향수라 악심 자조복
我若 向修羅 惡心 自調伏

㊷ 아약 향축생 자득 대지혜
我若 向畜生 自得 大智慧

㊸ 나무관세음보살 마하살
南無觀世音菩薩 摩訶薩

㊹ 나무대세지보살 마하살
南無大勢至菩薩 摩訶薩

㊲ 제가 만일 도산지옥을 향해서 보살도를 행해 가면/ 도산지옥이 저절로 꺾여지고/

㊳ 제가 만일 화탕지옥을 가면/ 화탕지옥이 저절로 말라 없어지며

㊴ 제가 만일 지옥을 가면/ 지옥이 저절로 소멸하며

㊵ 제가 만일 아귀의 세계를 향해 가면/ 아귀가 저절로 배가 부르며

㊶ 제가 만일 아수라의 세계를 행해 가면/ 아수라의 악한 마음이 조복하고

㊷ 제가 축생의 세계로 나아간다면/ 축생이 저절로 큰 지혜를 얻으리라.

㊸ 관세음보살 마하살께 귀의합니다.

㊹ 대세지보살 마하살께 귀의합니다.

㊺ 나무천수보살 마하살
南無千手菩薩 摩訶薩

㊻ 나무여의륜보살 마하살
南無如意輪菩薩 摩訶薩

㊼ 나무대륜보살 마하살
南無大輪菩薩 摩訶薩

㊽ 나무관자재보살 마하살
南無觀自在菩薩 摩訶薩

㊾ 나무정취보살 마하살
南無正趣菩薩 摩訶薩

㊿ 나무만월보살 마하살
南無滿月菩薩 摩訶薩

51 나무수월보살 마하살
南無水月菩薩 摩訶薩

52 나무군다리보살 마하살
南無軍茶利菩薩 摩訶薩

㊺ 천수보살 마하살께 귀의합니다.

㊻ 여의륜보살 마하살께 귀의합니다.

㊼ 대륜보살 마하살께 귀의합니다.

㊽ 관자재보살 마하살께 귀의합니다.

㊾ 정취보살 마하살께 귀의합니다.

㊿ 만월보살 마하살께 귀의합니다.

51 수월보살 마하살께 귀의합니다.

52 군다리보살 마하살께 귀의합니다.

53 나무십일면보살 마하살
南無十一面菩薩 摩訶薩

54 나무제대보살 마하살
南無諸大菩薩 摩訶薩

55 나무본사아미타불(세번)
南無本師阿彌陀佛

⑤③ 십일면보살 마하살께 귀의합니다.

⑤④ 제대보살 마하살께 귀의합니다.

⑤⑤ 스승이며 본처불인 아미타불께 귀의합니다.

신묘장구 대다라니

1] 나모라 다나다라 야야

2] 나막알약

3] 바로기제 새바라야

4] 모지 사다바야

5] 마하 사다바야

6] 마하 가로니가야

7] 옴

8] 살바 바예수

9] 다라나 가라야 다사명

10] 나막 까리다바

11] 이맘 알약 바로기제 새바라 다바

12] 니라간타 나막 하리나야

13] 마발다 이사미

14] 살발타 사다남

15】 슈반 아예염

16】 살바 보다남

17】 바바말아 미슈다감 다냐타

18】 옴 아로계 아로가

19】 마지로가 지가란제

20】 혜혜 하례

21】 마하 모지 사다바

22】 사마라 사마라 하리나야

23】 구로 구로 갈마 사다야 사다야

24】 도로 도로 미연제 마하 미연제

25】 다라 다라

26】 다린

27】 나례 새바라

28】 자라 자라

29】 마라 미마라

30】 아마라 몰제

31】 예혜혜 로계 새바라 라아

32】 미사미 나샤야

33】 나베사미 사미 나샤야 모하 자라 미사미 나샤야

34】 호로 호로 마라 호로 하례

35】 바나마 나바 사라 사라

36】 시리 시리

37】 소로 소로

38】 못쟈 못쟈

39】 모다야 모다야

40】 매다리야

41】 니라간타

42】 가마샤 날샤남

43】 바라 하라 나야 마낙

44】 사바하 싯다야 사바하

45】 마하 싯다야 사바하

46】 싯다유예

47】 새바라야 사바하

48】 니라 간타야 사바하

49】 바라하 목카 싱하 목카야 사바하

50】 바나마 하따야 사바하

51】 자가라 욕다야 사바하

52】 샹카 셤나녜 모다나야 사바하 마하라 구타다라야 사바하

53】 바마 사간타 니샤 시체다 가릿나 이나야 사바하 / 먀가라 잘마 / 니바 사나야 사바하

54】 나모라 다나다라 야야 / 나막 알약 / 바로기제 새바라야 사바하 (세 번)

㉛ 사방찬(四方讚)

① 일쇄동방 결도량
一灑東方 潔道場

② 이쇄남방 득청량
二灑南方 得清凉

③ 삼쇄서방 구정토
三灑西方 俱淨土

④ 사쇄북방 영안강
四灑北方 永安康

사방찬

① 먼저 동쪽을 향하여 버들가지로 감로수를 뿌리시니 동쪽의 도량이 깨끗해지고

② 그 다음 남쪽을 향해서 감로수를 뿌리시니 청정한 시원함을 얻으며

③ 그 다음 서쪽을 향해 감로수를 뿌리시니 모두 정토가 되고

④ 그 다음 북쪽을 향해 감로수를 뿌리시니 영원한 편안함을 얻는다네.

㉛ 도량찬(道場讚)

① 도량청정 무하예
道場清淨 無瑕穢

② 삼보천룡 강차지
三寶天龍 降此地

③ 아금지송 묘진언
我今持誦 妙眞言

④ 원사자비 밀가호
願賜慈悲 密加護

㉛ 도량찬(엄정게嚴淨偈라고도 함)

① 도량이 청정해져서 더러운 티끌이 없어졌으니

② 불·법·승의 삼보와 천룡이 이 땅에 강림하시어

③ 제가 묘한 진언(대다라니)을 얻어 외우고 있사오니

④ 원컨대 자비를 내려서 은밀하고 비밀스럽게 나를 보호하고 도와주십시오.

참회게(懺悔偈)

① 아석소조 제악업
我昔所造 諸惡業

② 개유무시 탐진치
皆由無始 貪嗔痴

③ 종신구의 지소생
從身口意 之所生

④ 일체아금 개참회
一切我今 皆懺悔

참회게

① 예로부터 제가 지은 모든 악업은

② 시작도 없던 무시(無始)의 때로부터 탐내고 성내고 어리석게 행동한 삼독심으로 말미암음이며

③ 몸과 입과 뜻(身·口·意)의 3업을 통해 지은 악업을

④ 이제 제가 이 악업 일체를 다 참회하고 다시는 죄를 짓지 않겠습니다.

㉛ 참제업장 십이존불 (懺除業障 十二尊佛)

나무참제업장
南無懺除業障

① 보승장불
寶勝藏佛

② 보광왕화염조불
寶光王火焰照佛

③ 일체향화자재력왕불
一切香火自在力王佛

④ 백억항하사결정불
百億恒河沙決定佛

⑤ 진위덕불
振威德佛

⑥ 금강견강소복괴산불
金剛堅强消伏壞散佛

㉛ 업장을 참회하고 제거해주시는 열두 분의 존경스런 부처님 명호

① 보승장불은 일평생 짐승을 타고 다닌 업장을 멸하게 해주신다.

② 보광왕화염조불은 사치와 낭비를 하여 물건을 훼손한 업장을 멸해주신다.

③ 일체향화자재력왕불은 한 평생 저지른 계율을 파계한 업장을 멸해주신다.

④ 백억항하사결정불은 한 평생 살생한 업장을 멸하게 해주신다.

⑤ 진위덕불은 사음한 죄와 악담한 업장을 멸하게 해주신다.

⑥ 금강견강소복괴산불은 지옥에 떨어질 업장을 멸하게 해주신다.

⑦ 보광월전묘음존왕불
普光月殿妙音尊王佛

⑧ 환희장마니보적불
歡喜藏摩尼寶積佛

⑨ 무진향승왕불
無盡香勝王佛

⑩ 사자월불
獅子月佛

⑪ 환희장엄주왕불
歡喜莊嚴珠王佛

⑫ 제보당마니승광불
帝寶幢摩尼勝光佛

⑦ 보광월전묘음존왕불은 한번만 명호를 외워도 대장경을 한 번 읽은 공덕과 같게 해주신다.

⑧ 환희장마니보적불의 공덕에 대해서는 기록이 없지만 다른 부처님과 공덕이 비슷할 것이고, 혹자는 한 평생 성낸 업장을 멸하게 해주신다고 한다.

⑨ 무진향승왕불은 무량한 세월동안 생사의 윤회를 받을 업장을 멸하게 해신다.

⑩ 사자월불은 축생으로 태어나게 될 업장을 멸하게 해주신다.

⑪ 환희장엄주왕불은 살생하고 도적질한 업장을 멸하게 해주신다(이때 오체를 땅에 대고 절을 하는 것을 좋아하신다).

⑫ 제보당마니승광불은 살생과 탐욕으로 저지른 온갖 업장을 멸하게 해주신다.

㉛ 십악참회(十惡懺悔)

① 살생중죄 금일참회
殺生重罪 今日懺悔

② 투도중죄 금일참회
偸盜重罪 今日懺悔

③ 사음중죄 금일참회
邪淫重罪 今日懺悔

④ 망어중죄 금일참회
妄語重罪 今日懺悔

⑤ 기어중죄 금일참회
綺語重罪 今日懺悔

⑥ 양설중죄 금일참회
兩舌重罪 今日懺悔

⑦ 악구중죄 금일참회
惡口重罪 今日懺悔

③ 십악을 참회함

① 살아 있는 것을 죽인 무거운 죄를 제가 오늘 참회합니다.

② 남의 물건을 훔친 무거운 죄를 오늘 모두 참회합니다.

③ 삿된 음행의 무거운 죄를 제가 오늘 참회합니다.

④ 진실을 저버린 거짓된 말로 지은 무거운 죄를 제가 오늘 참회합니다.

⑤ 비단결 같은 발림말, 혹은 쓸데없는 잡담으로 다른 이를 현혹케 한 무거운 죄를 오늘 제가 참회합니다.

⑥ 두 가지 말로써 이간질한 무거운 죄를 제가 오늘 참회합니다.

⑦ 악담으로 지은 모든 무거운 죄를 제가 오늘 참회합니다.

⑧ 탐애중죄 금일참회
貪愛重罪 今日懺悔

⑨ 진에중죄 금일참회
嗔恚重罪 今日懺悔

⑩ 치암중죄 금일참회
痴暗重罪 今日懺悔

⑪ 백겁 적집죄 일념 돈탕진
百劫 積集罪 一念 頓蕩盡

⑫ 여화 분고초 멸진 무유여
如火 焚枯草 滅盡 無有餘

⑬ 죄무자성 종심기
罪無自性 從心起

⑭ 심약멸시 죄역망
心若滅時 罪亦亡

⑮ 죄망심멸 양구공
罪亡心滅 兩俱空

⑧ 탐(탐욕)으로 인해 지은 무거운 죄를 제가 오늘 참회합니다.

⑨ 진(성냄)으로 인해 지은 무거운 죄를 제가 오늘 참회합니다.

⑩ 치(어리석음)로 인해 지은 무거운 죄를 제가 오늘 참회합니다.

⑪ 백 겁 동안이나 쌓인 무수한 죄업을 한순간 한 생각에 모두 없애

⑫ 마른풀을 불태우듯이 남김없이 모두 소멸되게 하소서.

⑬ 자성 없는 죄업이 마음 따라 일어나니

⑭ 마음이 사라지면 죄업 또한 사라지네.

⑮ 죄와 마음 없어져 둘이 함께 공이 되면

⑯ 시즉명위 진참회
是則名謂 眞懺悔

⑯ 이것을 이름하여 참된 참회라 하노라.

참회진언(懺悔眞言)

옴 살바 못자모지 사다야
사바하(세 번)

① 준제 공덕취 적정 심상송
准提 功德聚 寂靜 心常誦

② 일체 제대난 무능 침시인
一切 諸大難 無能 侵是人

③ 천상 급인간 수복 여불등
天上 及人間 受福 如佛等

④ 우차 여의주 정획 무등등
遇此 如意珠 定獲 無等等

⑤ 나무 칠구지불모
南無 七俱胝佛母

대준제보살
大准提菩薩 (세 번)

㉛ 참회의 진언

옴! 이전에 지은 모든 악업을 참회합니다. 사바하!

① 준제진언은 공덕의 큰 덩어리인바/ 항상 고요한 마음으로 외우면

② 일체의 모든 큰 재난들도/ 이 사람에게는 능히 침범하지 못하며

③ 천상 사람들이나 보통 사람들이나 할 것 없이/ 부처님과 똑같은 복을 받으리라.

④ 이 여의주와 같은 진언을 만나면/ 단연코 위 없는 깨달음을 얻게 될 것이다.

⑤ 칠억 부처님의 어머니이신 대준제 보살님께 귀의합니다.

정법계진언(淨法界眞言)

옴 남(세 번)

호신진언(護身眞言)

옴 치림(세 번)

관세음보살 본심미묘

觀世音菩薩 本心微妙

육자 대명왕진언

六字 大明王眞言

옴 마 니 반 메 훔 (세 번)

법계를 청정하게 하는 진언

청정법계를 구축하는 진언.

몸을 보호하는 진언

모든 죄업을 멸하고 병고와 재앙 악몽 귀신 등을 제하며, 일체의 원하는 바를 이루게 되는 진언.

육자진언

모든 악업이 소멸되고 복덕이 생겨나며 일체의 지혜와 선행의 근본이 되는 진언.

㉛ 준제진언(准提眞言)

나무 사다남 삼먁삼못다

구치남 다냐타 옴 자례 주례

준제 사바하 부림 (세번)

① 아금지송 대준제
我今持誦 大准提

② 즉발보리 광대원
卽發菩提 廣大願

③ 원아정혜 속원명
願我定慧 速圓明

④ 원아공덕 개성취
願我功德 皆成就

⑤ 원아승복 변장엄
願我勝福 遍莊嚴

⑥ 원공중생 성불도
願共衆生 成佛道

㉛ 준제보살이 설법한 진언

정각을 이룬 칠억 부처님을 기르신 준제보살님께 귀의합니다.

설(說)해 가로되, 옴! 유행존이시며 정계존이신 준제보살이시여! 원만히 성취하게 하여주십시오. 전륜성왕이시여!

① 제가 지금 대준제진언을 외워 지니오니

② 곧바로 보리심 발해서 넓고 커지기를 바라옵니다

③ 원컨대 제가 삼매를 통해서 빨리 정과 혜가 원만히 밝아지고

④ 모든 공덕이 모두 이루어지며

⑤ 또 원컨대 나의 그 뛰어난 복덕으로 두루두루 장엄케 하시어

⑥ 모든 중생이 다함께 불도를 이루게 하소서!

여래십대발원문
如來十大發願文

① 원아영리 삼악도
願我永離 三惡道

② 원아속단 탐진치
願我速斷 貪嗔痴

③ 원아상문 불법승
願我常聞 佛法僧

④ 원아근수 계정혜
願我勤修 戒定慧

⑤ 원아항수 제불학
願我恒隨 諸佛學

⑥ 원아불퇴 보리심
願我不退 菩提心

⑦ 원아결정 생안양
願我決定 生安養

㉛ 여래의 열 가지 발원문

① 제가 지옥·아귀·축생의 삼악도를 영원히 떠나기를 원하옵니다.

② 제가·탐·진·치 삼독심을 속히 끊기를 원하옵니다.

③ 제가 항상 불·법·승 삼보에 대해 듣기를 원하옵니다.

④ 제가 항상 계·정·혜 삼학을 열심히 닦기를 원하옵니다.

⑤ 제가 항상 모든 부처님을 따라서 배우기를 원하옵니다.

⑥ 제가 깨달음을 이루기 전엔 결코 물러서지 않기를 원하옵니다.

⑦ 제가 반드시 안양국에 태어나기를 원하옵니다.

⑧ 원아속견 아미타
願我速見 阿彌陀

⑨ 원아분신 변진찰
願我分身 遍塵刹

⑩ 원아광도 제중생
願我廣度 諸衆生

⑧ 제가 속히 아미타 부처님을 뵈옵길 원하옵니다.

⑨ 나의 분신이 온 우주 법계에 두루 나투기(나타나기)를 원하옵니다.

⑩ 제가 모든 중생들을 널리 제도하기를 원하옵니다.

발사홍서원

發四弘誓願

① 중생무변 서원도
衆生無邊 誓願度

② 번뇌무진 서원단
煩惱無盡 誓願斷

③ 법문무량 서원학
法門無量 誓願學

④ 불도무상 서원성
佛道無上 誓願成

⑤ 자성중생 서원도
自性衆生 誓願度

⑥ 자성번뇌 서원단
自性煩惱 誓願斷

⑦ 자성법문 서원학
自性法門 誓願學

네 개의 큰 서원을 발함

① 중생이 가없이 많지만 그들 모두를 제도하기를 맹서합니다.

② 번뇌가 끝없이 많지만 그 모두를 끊기를 맹서합니다.

③ 법문이 한량없이 많지만 그 모두를 배우기를 맹서합니다.

④ 부처님의 도가 위 없이 높지만 그 높은 도를 이루기를 맹서합니다.

⑤ 자성 속에 있는 중생을 다 제도하기를 맹서합니다.

⑥ 자성 속에 있는 번뇌를 다 끊기를 맹서합니다.

⑦ 자성 속에 있는 법문을 모두 배우기를 맹서합니다.

⑧ 자성불도 서원성
自性佛道 誓願成

㉛ 발원이 귀명례삼보
發願已 歸命禮三寶

① 나무상주시방불
南無常住十方佛

② 나무상주시방법
南無常住十方法

③ 나무상주시방승
南無常住十方僧 (세 번)

⑧ 자성 속에 있는 불도를 이루기를 맹서합니다.

발원을 마치고 삼보님께 귀의하여 예배 드립니다.

① 시방(십방)에 항상 계시는 부처님께 귀의하며 예배드리옵니다.

② 시방에 항상 계시는 부처님 법에 귀의하며 예배드리옵니다.

③ 시방에 항상 계시는 승가에 귀의하며 예배드리옵니다.

신묘장구 대다라니

신묘장구 대다라니

신묘장구 대다라니

1] 나모라 다나다라 야야

2] 나막알약

3] 바로기제 새바라야

4] 모지 사다바야

5] 마하 사다바야

6] 마하 가로니가야

7] 옴

8] 살바 바예수

9] 다라나 가라야 다사명

10] 나막 까리다바

11] 이맘 알약 바로기제 새바라 다바

12] 니라간타 나막 하리나야

13] 마발다 이사미

14] 살발타 사다남

15】 슈반 아예염

16】 살바 보다남

17】 바바말아 미슈다감 다냐타

18】 옴 아로계 아로가

19】 마지로가 지가란제

20】 혜혜 하례

21】 마하 모지 사다바

22】 사마라 사마라 하리나야

23】 구로 구로 갈마 사다야 사다야

24】 도로 도로 미연제 마하 미연제

25】 다라 다라

26】 다린

27】 나례 새바라

28】 자라 자라

29】 마라 미마라

30】 아마라 몰제

31】 예혜혜 로계 새바라 라아

32】 미사미 나샤야

33】 나베사미 사미 나샤야 모하 자라 미사미 나샤야

34】 호로 호로 마라 호로 하례

35】 바나마 나바 사라 사라

36】 시리 시리

37】 소로 소로

38】 못쟈 못쟈

39】 모다야 모다야

40】 매다리야

41】 니라간타

42】 가마샤 날샤남

43】 바라 하라 나야 마낙

44】 사바하 싯다야 사바하

45】 마하 싯다야 사바하

46】 싯다유예

47】 새바라야 사바하

48】 니라 간타야 사바하

49】 바라하 목카 싱하 목카야 사바하

50】 바나마 하따야 사바하

51】 자가라 욕다야 사바하

52】 샹카 셤나녜 모다나야 사바하 마하라 구타다라야 사바하

53】 바마 사간타 니샤 시체다 가릿나 이나야 사바하 / 먀가라 잘마 / 니바 사나야 사바하

54】 나모라 다나다라 야야 / 나막 알약 / 바로기제 새바라야 사바하 (세 번)

1] 나모라 다나다라 야야

◆관세음보살의 본신이 대비(大悲)하신 마음을 쓰시니,

◆큰 소리로 읽지 말아야 한다.

2) 나막알약

◆여의륜보살의 본신이 이르르고

◆여의륜(如意輪)은 불법을 원만하게 통득하셔서 몸 뒤에 불광이 달처럼 빛나게 되었고, 이 불광은 모든 것을 뜻대로 이루게 하는 위신력이 있다. 읽을 때 정성스런 마음을 유지해야 한다.

3] 바로기제 새바라야

◆관세음보살의 본신이 바리때를 지니시네!

◆지발(持鉢)관세음보살이 바리때를 가지고 탁발하러 나선 것이다. 사리나 영골을 얻는 등 뜻하는 바를 얻으려면 송독할 때 관세음보살의 탁발하는 마음을 지녀야 한다.

4] 모지 사다바야

◆불공여래견삭보살이 극락으로 이끄시고

◆불공여래견삭보살(不空如來羂索)은 천병(天兵)을 다스려 거느리시는 위신력이 있다. 여섯 관세음의 한 분으로, 묘법의 연꽃을 미끼로 하고 마음의 불공(不空)을 낚싯줄로 삼아, 중생을 낚아서 열반극락에 보낸다.

5] 마하 사다바야

◆보살 종자들이 다라니를 외우니

◆스스로 대다라니를 외는 관세음보살 종자(種子)의 본신이다. 관세음보살이 스스로 대다라니를 외우는 모습을 보이시는 진언이다.

6] 마하 가로니가야

◆마명보살이 번뇌를 끊어주시네!

◆마명(馬鳴)보살의 본신이 발절라인(拔折羅印:번뇌를 끊고 마군을 항복받는 수인)의 수인을 지으셔서 번뇌를 없앤 것이다.

신묘장구 대다라니

7] 옴

◆옴~

◆이 옴을 발하면 일체의 귀신이 모두 무릎 꿇고 합장하여 부처님 말씀을 들을 준비를 한다.

8] 살바 바예수

◆사대천왕이 마군을 항복받으시니

◆욕계 육천(六天) 가운데 첫째 하늘인 사대천왕의 본신이 마군들의 항복을 받는 위신력을 보인 것이다. 동주의 지국천왕(持國天王), 남주의 증장(增長)천왕, 서주의 광목(廣目)천왕, 북주의 다문(多聞)천왕이다.

9] 다라나 가라야 다사명

◆사대천왕이 다스리는 각 부락의 무리들이 따르네!

◆사대천왕이 다스리는 부락의 귀신 이름이다. 각 부락의 이름은, 동방은 건달파의 무리이고, 서방은 용의 무리이며, 북방은 야차의 무리이고, 남방은 구반다의 무리다.

10] 나막 까리다바

◆용수보살이 위엄을 보이시고

◆용수(龍樹)보살의 본신이다. 성정이 급하고 엄하신 분이므로, 마음을 가다듬어 찬찬한 마음으로 독송해야 하고, 빠뜨리거나 잘못 외우지 말아야 한다.

11】 이맘 알약 바로기제 새바라 다바

◆스승이신 로사나불이 설법하시며

◆본사(本師)이신 로사나불(盧舍那佛)의 본신이다. 광대하고 원만한 법신으로 불가사의한 공덕이 있다.

12】 니라간타 나막 하리나야

◆청정하고 원만하신 비로자나불이 나투시네!

◆청정한 법신(法身)이고 원만한 보신(報身)이신 비로자나불(盧遮那佛)의 본신이다. 정성을 다해 독송해야 한다.

13] 마발다 이사미

◆양두신왕)보살이 마군을 거느리시고

◆양두신왕(羊頭神王보살의 본신이다. 하늘의 모든 천마(天魔)로 자신의 권속을 삼는 위신력이 있다.

14] 살발타 사다남

◆감로보살의 부락 무리들이 따르며

◆관세음보살의 또 다른 이름인 감로(甘露)보살의 권속이다. 즉 원통증입한 보타산의 모든 선재동자들이다.

15] 슈반 아예염

◆비등야차천왕이 잘잘못을 살피시네!

◆최고의 판결사인 비등야차천왕(飛騰夜叉天王)이 사방을 지나가며 잘잘못을 살피는 것이다.

16】 살바 보다남

◆중생을 옹호하시는 바가제신왕이 나서시고

◆바가제신왕(婆伽帝神王)의 본신이다. 그 모습이 검고 장대하며 표범가죽으로 만든 옷을 입고, 손으로는 쇠스랑을 잡고 정법을 옹호한다.

17] 바바말아 미슈다감 다냐타

◆군다리보살이 악한 귀신을 물리치는 철륜과 포승줄을 드셨네.

◆군다리(軍吒利)보살의 본신이다. 쇠로된 톱니바퀴와 포승줄을 잡고 있으며 눈이 세 개이시다. 모든 나쁜 귀신을 항복 받는 분으로, 모든 사람의 행복을 위해서 심판하는 것이다.

18] 옴 아로계 아로가

◆신선들을 다스리시는 대범천왕이 나서시고

◆대범천왕(大梵天王)의 본신이다. 대범천은 신선이 부락을 이루어 사는 곳인데, 대범천(大梵天) 범보천(梵輔天) 범중천(梵衆天)의 삼범천(三梵天)으로 대범천왕이 다스리신다.

19】 마지로가 지가란제

◆중생을 옹호하시는 제신왕이 나서시며

◆제신왕(帝神王)의 본신이다. 몸이 장대하고 흑색이다. 정법을 옹호하는 신이다.

20] 혜혜 하례

◆33천을 다스리는 마혜수라천신이 나서시네!

◆욕계 육천 가운데 둘째 하늘인 33천을 다스리는 마혜수라천신(摩醯首羅天神)으로 천병을 이끌며, 몸은 푸른 색이다.

21] 마하 모지 사다바

◆향적보살이 신심을 굳게 만드시고

◆향적(香積)보살이 5방의 귀병(鬼兵)을 눌러 신의 시종을 들게 하는 주문으로 불가사의한 것이다. 마음을 신실하게 해서 다시는 잡란한 마음을 먹지 않게 하는 것이다.

22] 사마라 사마라 하리나야

◆보살들이 서로 벌을 주며 다스리시네!

◆보살이 서로 경계하며 벌을 주는 말로, 이렇게 함으로써 보살 각자는 물론이고 중생을 가지런히 다스리는 것이다.

23] 구로 구로 갈마 사다야 사다야

◆공신보살이 천병을 호령하시고

◆공신(空身)보살이 하늘의 대장군을 복속시키고 20만억 명의 천병을 호령하는 위신력이 있다.

24] 도로 도로 미연제 마하 미연제

◆엄준보살이 공작왕과 만병을 다스리시고

◆엄준(嚴峻)보살이 공작왕(孔雀王)과 만병(蠻兵)을 누르고 거느리는 위신력을 보인 것이다. '마하 미연제'는 '도로 도로 미연제'를 한 번 더 찬양하는 말이다.

25】 다라 다라

◆관세음보살이 대장부로 나타나시니

◆'다라 다라'는 관세음보살이 대장부의 몸으로 나투셔서 중생을 구제하시는 것이다.

26] 다린

◆사자왕의 병사들도 독송의 위력을 체험하네!

◆사자왕과 병사들이 다라니를 독송하는 것을 듣는 것이다. 이 진언을 외면 사자왕과 병사들이 보호해준다.

27] 나례 새바라

◆벽력보살이 모든 마군을 복속시키시고

◆벽력(霹靂)보살이 구름으로 가린 벽력북을 치며 비를 내리면서, 모든 마군의 권속들을 복종시키고 항복시키는 위신력을 보이신 것이다.

28】 자라 자라

◆최쇄보살이 악을 쳐서 부수시며

◆최쇄(摧碎)보살의 본신이다. 손에는 황금 바퀴(金輪)를 들고 있다. 이 황금바퀴가 악을 부수는 신통력은 이루 다 말할 수 없다.

29] 마라 미마라

◆대항마금강이 마귀를 복속시키시고

◆대항마금강(大降魔金剛)의 본신이다. 손에는 황금바퀴와 연결되는 공이(金輪杵)를 들고 있어서 마귀를 항복시킨다.

30] 아마라 몰제

◆모든 부처들이 합장하며 천수천안관자재 보살의 신묘장구 대다라니를 듣고 있네!

◆과거의 모든 부처님들이 앉아서, 관세음보살이 과거 불보살들의 업적을 칭송하는 대다라니를 들으며 감동하는 것이다.

31】 예혜혜 로계 새바라 라아

◆마혜수라천왕이 나서시고

◆마혜수라천왕(摩醯首羅天王)은 하늘의 병사를 거느리고 모든 귀신을 통솔한다.

32] 미사미 나샤야

◆관세음보살이 손에 방패와 활과 화살을 잡으시며

◆과거의 다른 불보살들처럼, 관세음보살도 악을 물리치려고 무장을 하고 나선 것이다.

33] 나베사미 사미 나샤야 모하 자라 미사미 나샤야

◆관세음보살의 본사이신 아미타불이 나투시니

◆아미타불(阿彌陀佛)의 본신으로, 곧 관세음보살의 스승(本師)이시다. 정수리 위로 나온 법신(法身)이 세상을 구제하신다.

34] 호로 호로 마라 호로 하례

◆팔부신왕이 옹호하여

◆부처님의 정법을 보호하는 팔부신왕(八部神王)의 본신이다. 관세음보살과 아미타불이 나투시니, 팔부신왕이 옹호하러 나온 것이다.

35】바나마 나바 사라 사라

◆다섯의 더럽고 악한 세상을 다스리네!

◆악한 마음이 극성해서 흐려진 말세의 세상을 다스리는 것이다. 앞서 모든 불보살들이 힘을 합해 어지러운 세상을 다스렸고, 이제 마지막으로 말세의 세상을 다스리는 것이다.

36] 시리 시리

◆관세음보살께서 일체 중생을 이롭게 하려 하시니

◆모든 중생들의 서원을 이루게 하는 불가사의한 공덕을 보여주는 것이다. 이미 무리로 뭉쳐있던 악한 세상은 모두 다스렸고, 이제부터는 중생 각자의 마음속에 있는 악한 마음과 업장을 다스리는 것이다.

37】 소로 소로

◆모든 부처 나무에 부처 잎이 떨어지는 소리가 들리네!

◆나뭇잎처럼 달려있는 많은 부처님이, 나뭇잎 떨어지듯 우수수 내려와 중생을 구제하시는 것이다.

38] 못쟈 못쟈

◆관세음보살께서 중생과 인연을 맺으시니

◆관세음보살님께서 고해에서 시달리는 중생들과 인연을 맺으시며 구석구석 찾아가 구제하시는 것이다.

39] 모다야 모다야

◆아난존자가 손에 무딘 칼을 들고 계시며

◆아난존자(阿難尊者)의 본신이다. 무딘 칼이라 함은 아직 칼을 찾고 있다는 뜻이다.

40】 매다리야

◆대거보살이 황금칼을 드시고,

◆대거(大車)보살은 손에 황금칼을 들고 마군을 항복시키는 것이다.

41] 니라간타

◆용수보살이 황금칼을 드시며

◆용수(龍樹)보살은 손에 황금칼을 들고 악을 멸절시킨다.

42】 가마샤 날샤남

◆보당보살이 쇠 갈래창을 드시고

◆보당(寶幢)보살의 본신이다. 손에 쇠 갈래창(鐵叉)를 든 모습이다.

43] 바라 하라 나야 마낙

◆보금광보살이 손에 금강저(金剛杵)를 드시네!

◆보금광보살(寶金光菩薩)이 손에 발절라를 들고 있다.

44] 사바하 싯다야 사바하

◆사바하! 일체의 법문(法門)에 통달하셨네! 사바하!

◆'사바하'는 원만성취를 기원하는 말이다. 이제까지의 소원에 일단락을 지은 것이다. 아직 다라니가 끝나지 않았으므로 '사바하'의 '하'를 길게 읽지 않고 짧고 높게 읽어야 한다. 이하 같음.

45] 마하 싯다야 사바하

◆방광보살이 손에 붉은색 당(幢)을 드시고, 사바하!

◆방광(放光)보살의 본신이 손에 붉은 깃발을 든 것이다.

46] 싯다유예

◆모든 하늘의 보살이 다 손에 황금칼을 드시니

◆보살들의 본신이 뜻을 모아 선과(善果)를 이루고자 하는 것이다.

47] 새바라야 사바하

◆서역 안식국의 향(香)불이 타오르네! 사바하!

◆'사바하'의 '하'를 길게 읽지 않고 짧고 높게 읽는다. 이하 같음.

48】 니라 간타야 사바하

◆산해혜자재왕보살이 손에 황금칼을 드시고, 사바하!

◆산해혜자재왕(山海慧自在王)보살의 본신이 손에 황금칼을 들고 미세한 업장도 다 다스리는 것이다.

49] 바라하 목카 싱하 목카야 사바하

◆보인왕보살이 손에 황금도끼를 드시며, 사바하!

◆보인왕(寶印王)보살의 본신이 나타나 모든 악을 멸하시고

50】 바나마 하따야 사바하

◆약왕보살이 병고를 치료하시며, 사바하!

◆약왕(藥王)보살의 본신이다. 모든 병고를 치료할 수 있다. 각 개인에게 있는 악과 업장을 모두 없앴으므로 이제 병고를 치료하는 것이다.

51] 자가라 욕다야 사바하

◆약상보살이 병고와 액운을 다 치료하시네! 사바하!

◆약상(藥上)보살의 본신이다. 모든 병과 액운을 치료할 수 있다.

52] 샹카 셥나녜 모다나야 사바하

마하라 구타다라야 사바하

◆모두 한 소리로 모든 병과 액운을 치료하시며, 사바하! 모두 한 소리로 모든 업과 잘못을 다스리시네. 사바하!

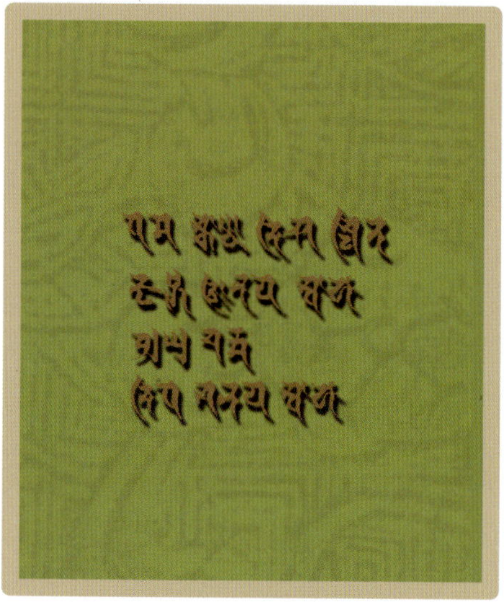

53] 바마 사간타 니샤 시체다 / 가릿나 이나야 사바하 /

먀가라 잘마 / 니바 사나야 사바하 /

◆이 부분부터는 그림과 번역이 훼손된 것 같다.

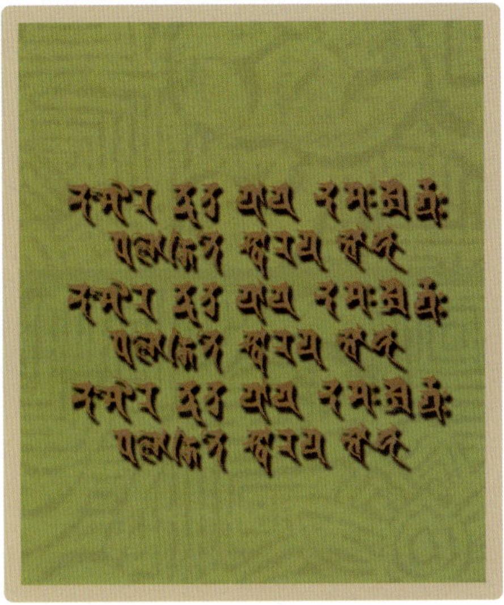

54] 나모라 다나다라 야야 / 나막알약 / 바로기제 새바라야 사바하

이 부분은 천수경의 시작 부분과 같은 내용이다. 여기서는 '사바하'의 '하'를 길게 읽어야 한다.

관세음보살「42수 진언」

관세음보살님이 위신력을 보이실 때 펼치시는 마흔두 가지의 손 모양과 진언이다. 소원을 빌 때 해당하는 손 모양을 하고 간절히 진언을 반복해 외우면 보호해주신다.

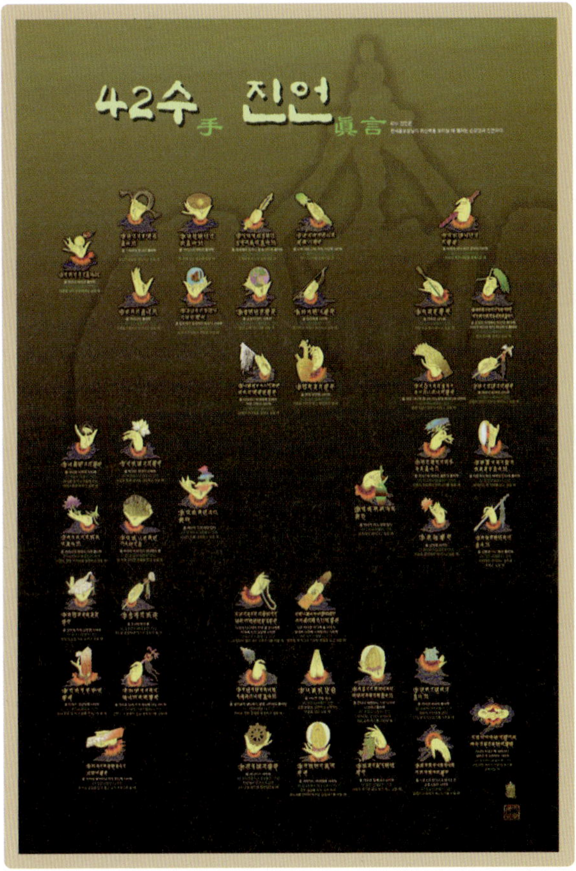

42
수
진언

관세음보살 「42수 진언」

1】 옴 바아라 바다라 훔바탁

2】 옴 기리라라 모나라 훔바탁

3】 옴 기리기리 바아라 훔바탁

4】 옴 제새제아 도미니 도제 삿다야 훔바탁

5】 옴 니베 니베 니바 마하 시리예 사바하

6】 옴 바아라 아니 바라 닙다야 사바하

7】 옴 아라나야 훔바탁

8】 옴 도비가야 도비바라 바리니 사바하

9】 옴 소싯지 아리 사바하

10】 옴 아자미례 사바하

11】 옴 가마라 사바하

12】 옴 소싯지 가리 바리다 남다 목다예 바아라 바아라 반다 하나하나 훔바탁

13】 옴 바나미니 바아바제 모하야 아아 모하니 사바하

14】 옴 아레 삼만염 사바하

15】 옴 약삼 나나야 젼나라 다노발야 바샤바샤 사바하

16】 옴 미라야 미라야 사바하

17】 옴 바나맘 미라야 사바하

18】 옴 바아라 미라야 사바하

19】 옴 기리기리 바아라 불반다 훔바탁

20】 옴 미뽀라나 락사 바아라 만다라 훔바탁

21】 옴 사라사라 바아라 가라 훔바탁

22】 옴 바아라 바샤가리 아나맘라 훔

23】 옴 바아라 가리 라타 맘타

24】 옴 바아라 셔가 로타 맘타

25】 옴 샤아례 사바하

26】 옴 삼매야 기니 하리 훔바탁

27】 옴 샤아례 마하 삼만염 사바하

28】 옴 도나바아라 혹

29】 나모라 다나 다라 야야 옴 아나바졔 미아예 시지 싯달졔 사바하

30】 나모 바나맘 바나예 옴 아마리 담아베 시리예

시리탐리니 사바하

31】 옴 바아라 네담아예 사바하

32】 옴 아가로 다라 가라 미사예 나모 사바하

33】 옴 날지날지 날타바지 날제 나야바니 훔바탁

34】 옴 바나만 아링 하리

35】 옴 젼나라 바맘타리 가리 나기리 나기리니 훔바탁

36】 옴 미사라 미사라 훔바탁

37】 옴 아하라 살바미냐 다라 보니졔 사바하

38】 옴 셔나미자 사바하

39】 옴 바아리니 바아람에 사바하

40】 옴 아마라 검졔니니 사바하

41】 옴 소로소로 바라소로 바라소로 소로소로야 사바하

42】 다냐타 바로기제 새바라야 살바조따 오하미야 사바하

1】 여의주수(如意珠手) 진언

- 옴 바아라 바다라 훔바탁
- 부유해지고 재물을 모으고 싶을 때
- 오른손으로 여의주를 희롱하는 모습

2】 견삭수(羂索手) 진언

- 옴 기리라라 모나라 훔바탁
- 불안한 마음을 물리치고 싶을 때
- 왼손으로 비단 동아줄을 잡고 있는 모습

3] 보발수(寶鉢手) 진언

◆옴 기리기리 바아라 훔바탁

◆뱃 속에 있는 병고를 없앨 때

◆보배로운 바리때를 오른손으로 잡고 있는 모습

4] 보검수(寶釰手) 진언

◆옴 제새제아 도미니 도제 삿다야 훔바탁

◆도깨비와 귀신을 항복시킬 때

◆왼손으로 보배로운 칼을 잡고 있는 모습

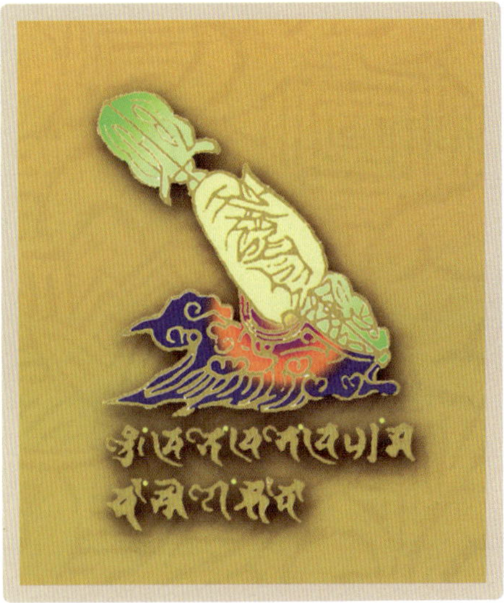

5) 발절라수(跋折羅手) 진언

◆옴 니베 니베 니바 마하 시리예 사바하

◆천마외도자를 항복시킬 때

◆오른손으로 발절라를 잡고 있는 모습

발절라는 금강(金剛)과 같이 단단한 광석으로 만든 봉(杵)이다.

6) 금강저수(金剛杵手) 진언

- 옴 바아라 아니 바라 닙다야 사바하
- 원수나 척진 사람을 굴복시킬 때
- 왼손으로 금강저를 잡고 있는 모습

7) 시무외수(施無畏手) 진언

◆옴 아라나야 훔바탁

◆두려움으로부터 벗어나고 싶을 때

◆오른손을 펴서 아무 것도 쥐고 있지 않았음을 보이는 모습. '두려움이 없음을 베푸는 손'의 뜻

8] 일정마니수(日精摩尼手) 진언

◆옴 도비가야 도비바라 바리니 사바하

◆눈이 어두워져서 광명을 구할 때

◆일정마니주는 말 그대로 태양의 정수를 담고 있어서 뜻대로 이루어주는 구슬이라는 뜻으로, 그 안에 삼족오(三足烏)가 들어있다.

9] 월정마니수(月精摩尼手) 진언

◆옴 소싯지 아리 사바하

◆열이 심해 내리기를 바랄 때

◆월정마니주는 말 그대로 달의 정수를 담고 있어서 뜻대로 이루어주는 구슬이라는 뜻으로, 그 안에 계수나무와 방아 찧는 토끼가 들어있다. 그림은 관세음보살이 월정마니주를 왼손으로 잡은 모습이다.

10] 보궁수(寶弓手) 진언

- 옴 아자미례 사바하
- 영전하고 직책이 높아지고 싶을 때
- 왼손으로 보배로운 활을 잡고 있는 모습

11] 보전수(寶箭手) 진언

◆옴 가마라 사바하

◆착한 벗을 빨리 만나고 싶을 때

◆오른손으로 보배로운 화살을 잡고 있는 모습

12] 양류지수(楊柳枝手) 진언

◆옴 소싯지 가리 바리다 남다 목다예 바아라 바아라 반다 하나하나 훔바탁

◆병과 번뇌를 없애고 싶을 때

◆왼손으로 버들가지를 잡고 있는 모습

13] 백불수(白拂手) 진언

◆옴 바나미니 바아바제 모하야 아아 모하니 사바하

◆장애와 어려움을 없애고 싶을 때

◆오른손으로 백불(흰색의 먼지떨이)을 잡고 있는 모습

14] 보병수(寶甁手) 진언

◆옴 아례 삼만염 사바하

◆가족과 친족을 화합하게 할 때

◆왼손으로 보배로운 병을 잡고 있는 모습

15] 방패수(傍牌手) 진언

◆옴 약삼 나나야 젼나라 다노발야 바샤바샤 사바하

◆흉한 짐승으로부터 피하고 싶을 때

◆오른손으로 방패를 잡고 있는 모습

42수 진언

16] 월부수(鉞斧手) 진언

◆옴 미라야 미라야 사바하

◆관청의 핍박으로부터 벗어나고 싶을 때

◆왼손으로 도끼를 잡고 있는 모습. 도끼는 임금 또는 그 명령을 상징한다.

17】 옥환수(玉環手) 진언

◆옴 바나맘 미라야 사바하

◆자식 또는 배우자를 얻거나 마음에 드는 아랫사람을 부리고 싶을 때

◆오른손으로 옥으로 된 팔찌를 잡고 있는 모습이다.

18】백연화수(白蓮花手) 진언

◆옴 바아라 미라야 사바하

◆수양을 통해 공덕을 성취하고 싶을 때

◆왼손으로 흰 연꽃을 잡고 있는 모습

19] 청연화수(青蓮花手) 진언

◆옴 기리기리 바아라 불반다 훔바탁

◆시방의 정토에서 태어나기를 원할 때

◆오른손으로 푸른 연꽃을 잡고 있는 모습

20] 보경수(寶鏡手) 진언

◆옴 미뽀라나 락사 바아라 만다라 훔바탁

◆부처님의 큰 지혜를 얻고 싶을 때

◆왼손으로 보배로운 거울을 잡고 있는 모습

21】 자연화수(紫蓮花手) 진언

◆옴 사라사라 바아라 가라 훔바탁

◆시방의 모든 부처님을 알현하고 싶을 때

◆오른손으로 자색 연꽃을 잡고 있는 모습

22】 보협수(寶篋手) 진언

◆옴 바아라 바샤가리 아나맘라 훔

◆땅 속에 감춰진 보물을 얻고 싶을 때

◆왼손으로 보배로운 상자를 잡고 있는 모습

23】 오색운수(五色雲手) 진언

◆옴 바아라 가리 라타 맘타

◆신선의 도를 성취하고 싶을 때

◆오른손으로 오색 구름을 잡고 있는 모습

24】 군지수(君遲手) 진언

◆옴 바아라 셔가 로타 맘타

◆범천에서 태어나고 싶을 때

◆범천은 신선이 사는 곳이고, 군지는 천수 관음이 들고 있는 물병이다.

25] 홍연화수(紅蓮花手) 진언

- ◆옴 샹아례 사바하
- ◆하늘의 궁전에서 태어나고 싶을 때
- ◆오른손으로 붉은 연꽃을 잡고 있는 모습

26] 보극수(寶戟手) 진언

◆옴 삼매야 기니 하리 훔바탁

◆다른 지방의 역적이나 원수를 물리치고 싶을 때

◆왼손으로 창을 잡고 있는 모습

27] 보라수(寶螺手) 진언

◆옴 샹아례 마하 삼만염 사바하

◆하늘의 선한 신을 부르고 싶을 때

◆오른손에 소라를 올려 놓은 모습

28】 촉루장수(髑髏杖手) 진언

◆옴 도나바아라 혹

◆귀신을 호령하여 어기지 못하게 할 때

◆왼손으로 해골이 매달린 지팡이를 잡고 있는 모습

29] 수주수(數珠手) 진언

◆나모라 다나 다라 야야 옴 아나바제 미아예 시지 싯달제 사바하

◆부처님이 빨리 와서 도와주기를 바랄 때

◆수주는 구슬을 센다는 뜻이고, 여기서는 염불하며 세는 구슬인 염주를 뜻한다. 관세음보살이 오른손으로 염주를 세고 있는 모습이다.

30] 보탁수(寶鐸手) 진언

◆나모 바나맘 바나예 옴 아마리 담아베 시리예 시리탐리니 사바하

◆염불하면서 최고로 신묘한 범음을 얻고 싶을 때

◆왼손으로 보배로운 풍경방울을 잡고 있는 모습으로, 풍경방울은 귀신을 다스리는 종(鐘) 또는 목탁이다.

31】 보인수(寶印手) 진언

◆옴 바아라 네담아예 사바하

◆말과 글을 잘 써서 화를 면하고자 할 때

◆오른손으로 보배로운 부적 도장을 잡고 있는 모습

32】 구시철조수(俱尸鐵鉤手) 진언

◆옴 아가로 다라 가라 미사예 나모 사바하

◆선한 신과 용왕이 항상 옹호하기를 원할 때

◆왼손으로 구시나국의 쇠 낚시를 잡고 있는 모습

33] 석장수(錫杖手) 진언

◆옴 날지날지 날타바지 날제 나야바니 훔바탁

◆자비로 일체 중생을 보호하고 싶을 때

◆오른손으로 석장을 잡고 있는 모습

34] 합장수(合掌手) 진언

◆옴 바나만 아링 하리

◆모든 생물을 공경하고 사랑하는 마음을 갖고 싶을 때

◆두 손을 모아 합장을 하고 있는 모습

35】화불수(化佛手) 진언

◆옴 젼나라 바맘타리 가리 나기리 나기리니 훔바탁

◆태어나는 곳마다 부처님이 항상 곁에 하기를 기원할 때

◆오른손이 연화대가 되어 부처를 모시듯이 잡고 있는 모습

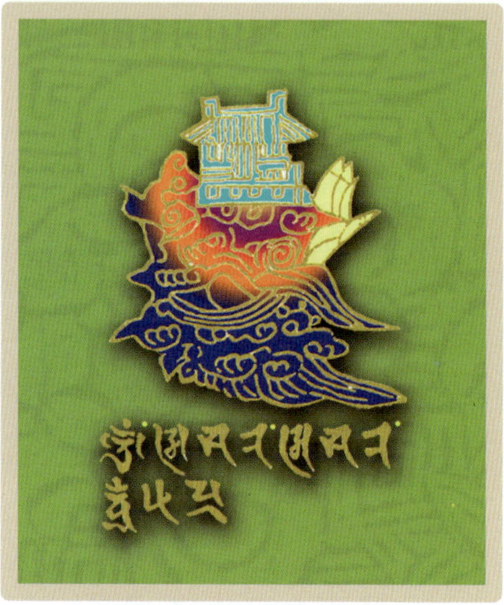

36] 화궁전수(化宮殿手) 진언

◆옴 미사라 미사라 훔바탁

◆영원히 부처궁에 살며,
다시 태어나지 않기를 기원할 때

◆왼손이 연화대가 되어 부처님이 사시는 궁전을 떠받치며 올려놓은 모습 상

37] 보경수(寶經手) 진언

◆옴 아하라 살바미냐 다라 보니제 사바하

◆부처님 말씀을 많이 듣고 널리 배우고자 할 때

◆오른손에 경문을 적은 책을 잡고 있는 모습

38] 불퇴금륜수(不退金輪手) 진언

◆옴 셔나미자 사바하

◆현생에서 부처가 되고자 보리심을 일으켜 용맹정진할 때

◆왼손 위에 어떤 어려움에도 물러서지 않는 황금바퀴를 올려놓은 모습

39] 정상화불수(頂上化佛手) 진언

◆옴 바아리니 바아람에 사바하

◆모든 부처를 속히 오게 하여 정수리를 만지며 부처로 인정되기를 바랄 때

◆오른손 위에 부처를 모시고 있는 모습

40] 포도수(蒲桃手) 진언

◆옴 아마라 검제니니 사바하

◆과일과 곡식을 풍년들게 하고 싶을 때

◆왼손의 엄지와 둘째 그리고 셋째 손가락을 써서 포도송이를 잡고 있는 모습

41】 감로수(甘露手) 진언

◆옴 소로소로 바라소로 바라소로 소로소로 야 사바하

◆갈증이 시원하게 해소되기를 바랄 때

◆왼손으로 감로수를 뿌리는 모습

42】 총섭천비(總攝千臂) 진언

◆다냐타 바로기제 새바라야 살바조따 오하미야 사바하

◆삼천대천 세계의 마군과 원수를 굴복시킬 때

◆두 손을 모아 깍지를 낀 모습

반야심경(般若心經)

<한글 반야심경>

마하반야바라밀다심경

관자재보살이 깊은
반야바라밀다를 행할 때,
오온이 공한 것을 비추어 보고
온갖 고통에서 건너느니라.
사리자여! 색이 공과 다르지 않고
공이 색과 다르지 않으며,
색이 곧 공이요 공이 곧 색이니, 수
상 행 식도 그러하니라.
사리자여! 모든 법은 공하여 나지도
멸하지도 않으며,
더럽지도 깨끗하지도 않으며,
늘지도 줄지도 않느니라.

그러므로 공 가운데는 색이 없고
수 상 행 식도 없으며,
안 이 비 설 신 의도 없고,
색 성 향 미 촉 법도 없으며,
눈의 경계도 의식의 경계까지도
없고,
무명도 무명이 다함까지도 없으며,
늙고 죽음도 늙고 죽음이
다함까지도 없고,
고 집 멸 도도 없으며, 지혜도
얻음도 없느니라.
얻을 것이 없는 까닭에 보살은
반야바라밀다를 의지하므로
마음에 걸림이 없고 걸림이
없으므로 두려움이 없어서,

뒤바뀐 헛된 생각을 멀리 떠나
완전한 열반에 들어가며,
삼세의 모든 부처님도
반야바라밀다를 의지하므로
최상의 깨달음을 얻느니라.
반야바라밀다는 가장 신비하고
밝은 주문이며 위없는 주문이며
무엇과도 견줄 수 없는 주문이니,
온갖 괴로움을 없애고 진실하여
허망하지 않음을 알지니라.
이제 반야바라밀다주를 말하리라.

아제아제 바라아제 바라승아제
모지 사바하(3번)

마하반야바라밀다심경
摩訶般若波羅蜜多心經

① 관자재보살
觀自在菩薩

행심반야바라밀다시
行深般若波羅蜜多時

② 조견 오온개공 도일체고액
照見 五蘊皆空 度一切苦厄

③ 사리자
舍利子

④ 색불이공 공불이색
色不異空 空不異色

⑤ 색즉시공 공즉시색
色卽是空 空卽是色

⑥ 수상행식 역부여시
受想行識 亦復如是

마하반야바라밀다심경

① 관자재보살이 반야바라밀다를 깊이 행하실 때에

② 다섯 가지 쌓임이 모두 다 공한 것을 비추어 보시고 온갖 괴로움과 재앙을 초월하셨다.

③ 사리불아!

④ 물질이 공과 다르지 아니하고 공이 물질과 다르지도 않으며,

⑤ 물질이 곧 공이요 공이 곧 물질이니,

⑥ 느낌과 생각과 지어감과 의식도 또한 그러하니라.

⑦ 사리자 시제법공상
舍利子 是諸法空相

⑧ 불생불멸 불구부정
不生不滅 不垢不淨

부증불감
不增不減

⑨ 시고 공중무색
是故 空中無色

⑩ 무수상행식
無受想行識

⑪ 무안이비설신의
無眼耳鼻舌身意

⑫ 무색성향미촉법 무안계
無色聲香味觸法 無眼界

⑬ 내지 무의식계
乃至 無意識界

⑦ 사리불아! 이 모든 법의 공한 모양은

⑧ 나지도 아니하고 없어지지도 않으며, 더럽지도 아니하고 깨끗해지지도 않으며, 늘지도 아니하고 줄지도 않느니라.

⑨ 그러므로 공 가운데는 물질도 없고,

⑩ 느낌과 생각과 작용과 의식도 없으며,

⑪ 눈과 귀와 코와 혀와 몸과 뜻도 없고,

⑫ 빛과 소리와 냄새와 맛과 촉감과 법도 없으며, 눈의 경계도 없고,

⑬ 이에 의식의 경계까지도 없어지고,

⑭ 무무명 역무무명진
無無明 亦無無明盡

⑮ 내지 무노사 역무노사진
乃至 無老死 亦無老死盡

⑯ 무고집멸도 무지역무득
無苦集滅道 無智亦無得

⑰ 이무소득고
以無所得故

⑱ 보리살타 의반야바라밀다고
菩提薩埵 依般若波羅蜜多故

심무가애
心無罣碍

⑲ 무가애고 무유공포
無罣碍故 無有恐怖

⑳ 원리 전도몽상 구경열반
遠離 顚倒夢想 究竟涅槃

⑭ 무명도 없고 또한 무명이 다함까지도 없으며,

⑮ 이에 늙고 죽음도 없어지고 또한 늙고 죽음이 다함까지도 없으며,

⑯ 고집멸도(괴로움과 괴로움의 원인과 괴로움이 없어짐과 괴로움을 없애는 길)도 없으며, 지혜도 없고 또한 얻음도 없다.

⑰ 얻을 것이 없는 까닭에

⑱ 일체의 모든 보살은 반야바라밀다를 의지함으로써 마음에 걸림이 없고,

⑲ 걸림이 없으므로 두려움이 없어서

⑳ 뒤바뀐 헛된 생각을 아주 떠나 완전한 열반에 들어가며,

㉑ 삼세제불 의반야바라밀다
三世諸佛 依般若波羅蜜多

㉒ 고득 아뇩다라삼먁삼보리
故得 阿耨多羅三藐三菩提

㉓ 고 지반야바라밀다
故 知般若婆羅蜜多

㉔ 시대신주 시대명주
是大神呪 是大明呪

시무상주 시무등등주
是無上呪 是無等等呪

㉕ 능제일체고 진실불허
能除一切苦 眞實不虛

㉖ 고 설반야바라밀다주
故 說般若波羅蜜多呪

㉗ 즉설주왈
卽說呪曰

㉑ 과거와 현재와 미래의 모든 부처님도 이 반야바라밀다를 의지하여

㉒ 아뇩다라삼먁삼보리를 얻느니라.

㉓ 그러므로 알아라! 반야바라밀다는

㉔ 가장 신비한 주문이며, 가장 밝은 주문이며, 가장 높은 주문이며, 무엇과도 견줄 수 없는 주문이니,

㉕ 온갖 괴로움을 없애고 진실하여 허망하지 아니한 것을!

㉖ 그러므로 이제 반야바라밀다의 주문을 설하니

㉗ 주문은 곧 이러하니라.

㉘ 아제아제
揭諦揭諦

㉙ 바라아제
婆羅揭諦

㉚ 바라승아제
婆羅僧揭諦

㉛ 모지 사바하
菩提 娑婆訶

㉘ 가라 가라

㉙ 피안으로 가라

㉚ 피안으로 옳게 가라

㉛ 영원한 깨달음을 성취하라!

「반야바라밀다주」인 ㉘ ㉙ ㉚ ㉛ 즉
"아제아제 바라아제 바라승아제
모지 사바하"를 3번 함.

대유학당 불교도서 안내

마음의 달 ①② ▮만행스님 저
항복기심 ①②③ ▮만행스님 저
선용기심▮만행스님 저
덕행천하(슬기로운 절생활)▮만행스님 저
「신묘장구 대다라니」 족자▮대유학당
「42수 진언」 족자▮대유학당

참고도서

진언집, 용암스님
관세음보살영험약초
마하반야밀다심경해, 신흥사